MP3 다운로드 방법

컴퓨터에서
- 네이버 블로그 주소란에 **www.lancom.co.kr** 입력 또는 네이버 블로그 검색창에 **랭컴**을 입력하신 후 다운로드

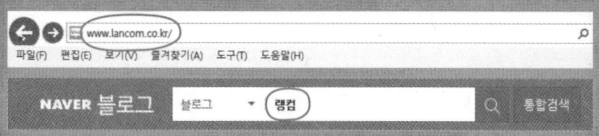

- **www.webhard.co.kr**에서 직접 다운로드
  아이디 : **lancombook**
  패스워드 : **lancombook**

스마트폰에서
콜롬북스 앱을 통해서 본문 전체가 녹음된 **MP3** 파일을 **무료**로 **다운로드**할 수 있습니다.

- 구글플레이・앱스토어에서 **콜롬북스 앱** 다운로드 및 설치
- 회원 가입 없이 원하는 도서명을 검색 후 **MP3 다운로드**
- 회원 가입 시 더 다양한 **콜롬북스** 서비스 이용 가능

JN353599

▶ mp3 다운로드
www.lancom.co.kr에 접속하여 **mp3**파일을 무료로 다운로드합니다.

▶ 우리말과 원어민의 1 : 1 녹음
책 없이도 공부할 수 있도록 원어민 남녀가 자연스런 속도로 번갈아가며 영어 문장을 녹음하였습니다. 우리말 한 문장마다 원어민 남녀 성우가 각각 1번씩 읽어주기 때문에 한 문장을 두 번씩 듣는 효과가 있습니다.

▶ mp3 반복 청취
교재를 공부한 후에 녹음을 반복해서 청취하셔도 좋고, 원어민의 녹음을 먼저 듣고 잘 이해할 수 없는 부분은 교재로 확인해보는 방법으로 공부하셔도 좋습니다. 어떤 방법이든 자신에게 잘 맞는다고 생각되는 방법으로 꼼꼼하게 공부하십시오. 보다 자신 있게 영어를 할 수 있게 될 것입니다.

▶ 정확한 발음 익히기
발음을 공부할 때는 반드시 함께 제공되는 mp3 파일을 이용하시기 바랍니다. 언어를 배울 때 듣는 것이 중요하다는 것은 두말할 필요가 없습니다. 오랫동안 자주 반복해서 듣는 연습을 하다보면 어느 순간 갑자기 말문이 열리게 되는 것을 경험할 수 있을 것입니다. 의사소통을 잘 하기 위해서는 말을 잘하는 것도 중요하지만 상대가 말하는 것을 정확하게 듣는 것이 더 중요하다고 합니다. 활용도가 높은 기본적인 표현을 가능한 한 많이 암기할 것과, 동시에 원어민이 읽어주는 문장을 지속적으로 꾸준히 듣는 연습을 병행하시기를 권해드립니다. 듣는 연습을 할 때는 실제로 소리를 내어 따라서 말해보는 것이 더욱 효과적입니다.

쓰면서 말해봐 영어회화
기본편

쓰면서 말해봐 영어회화 기본편

2017년 11월 10일 초판 1쇄 인쇄
2017년 11월 15일 초판 1쇄 발행

지은이 이서영
발행인 손건
편집기획 김상배, 장수경
마케팅 이언영
디자인 이성세
제작 최승용
인쇄 선경프린테크

발행처 LanCom 랭컴
주소 서울시 영등포구 영신로38길 17
등록번호 제 312-2006-00060호
전화 02) 2636-0895
팩스 02) 2636-0896
홈페이지 www.lancom.co.kr

ⓒ 랭컴 2017
ISBN 979-11-88112-30-2 13740

이 책의 저작권은 저자에게 있습니다. 저자와 출판사의 허락없이
내용의 일부를 인용하거나 발췌하는 것을 금합니다.

쓰면서 말해봐 영어회화

Write and Talk!

기본편

이서영 지음

LanCom
Language & Communication

 들어가며

영어회화를 위한 4단계 공부법

읽기 듣기 말하기 쓰기 4단계 영어 공부법은 가장 효과적이라고 알려진 비법 중의 비법입니다. 아무리 해도 늘지 않던 영어 공부, 이제 **읽듣말쓰 4단계** 공부법으로 팔 걷어붙이고 달려들어 봅시다!

읽기

왕초보라도 문제없이 읽을 수 있도록 원어민 발음과 최대한 비슷하게 우리말로 발음을 달아 놓았습니다. 우리말 해석과 영어 표현을 눈으로 확인하며 읽어보세요.

✓ **check point!**

- 같은 상황에서 쓸 수 있는 6개의 표현을 확인한다.
- 우리말 해석을 보면서 영어 표현을 소리 내어 읽는다.

듣기

책 없이도 공부할 수 있도록 우리말 해석과 영어 문장이 함께 녹음되어 있습니다. 출퇴근 길, 이동하는 도중, 기다리는 시간 등, 아까운 자투리 시간을 100% 활용해 보세요. 듣기만 해도 공부가 됩니다.

- 우리말 해석과 원어민 발음을 서로 연관시키면서 듣는다.
- 원어민 발음이 들릴 때까지 반복해서 듣는다.

쓰기

영어 공부의 완성은 쓰기! 손으로 쓰면 우리의 두뇌가 훨씬 더 확실하게, 오래 기억한다고 합니다. 맞쪽에 있는 노트는 공부한 것을 확인하며 쓸 수 있도록 최적화되어 있습니다. 정성껏 쓰다 보면 생각보다 영어 문장이 쉽게 외워진다는 사실에 깜짝 놀라실 거예요.

✓ check point!

- 적혀 있는 그대로 읽으면서 따라 쓴다.
- 원어민의 발음을 들으면서 쓴다.
- 표현을 최대한 머릿속에 떠올리면서 쓴다.

말하기

듣기만 해서는 절대로 입이 열리지 않습니다. 원어민 발음을 따라 말해보세요. 계속 듣고 말하다 보면 저절로 발음이 자연스러워집니다.

✓ check point!

- 원어민 발음을 들으면서 최대한 비슷하게 따라 읽는다.
- 우리말 해석을 듣고 mp3를 멈춘 다음, 영어 문장을 떠올려 본다.
- 다시 녹음을 들으면서 맞는지 확인한다.

대화 연습

문장을 아는 것만으로는 충분하지 않습니다. 대화를 통해 문장의 쓰임새와 뉘앙스를 아는 것이 무엇보다 중요하기 때문에 6개의 표현마다 대화문을 하나씩 두었습니다.

✓ check point!

- 대화문을 읽고 내용을 확인한다.
- 대화문 녹음을 듣는다.
- 들릴 때까지 반복해서 듣는다.

이 책의 내용

PART 01 인사 표현

- 01 일상적으로 인사할 때   12
- 02 근황을 물을 때   14
- 03 처음 만났을 때   16
- 04 오랜만에 만났을 때   18
- 05 우연히 만났을 때   20
- 06 헤어질 때   22
- 07 고마울 때   24
- 08 미안할 때   26
- 09 축하할 때   28
- 10 환영할 때   30

PART 02 대화·의사 표현

- 01 사람을 부를 때   34
- 02 맞장구칠 때   36
- 03 되물을 때   38
- 04 질문할 때   40
- 05 부탁할 때   42
- 06 제안하거나 권유할 때   44
- 07 도움을 청하거나 양해를 구할 때   46
- 08 의견을 묻고 답할 때   48
- 09 허락을 요청할 때   50
- 10 희망이나 소망을 나타낼 때   52

PART 03 자기소개 표현

- 01 개인 신상에 대해 말할 때   56
- 02 가족에 대해 말할 때   58
- 03 학교에 대해 말할 때   60
- 04 학교생활에 대해 말할 때   62
- 05 직장에 대해 말할 때   64
- 06 직장생활에 대해 말할 때   66
- 07 거주지에 대해 말할 때   68
- 08 연애에 대해 말할 때   70
- 09 결혼에 대해 말할 때   72
- 10 결혼생활에 대해 말할 때   74

Write and Talk!

PART 04 감정 표현

01	행운을 빌 때	78
02	기쁘거나 즐거울 때	80
03	감탄하거나 칭찬할 때	82
04	싫거나 귀찮을 때	84
05	실망하거나 후회할 때	86
06	화날 때	88
07	슬프거나 외로울 때	90
08	놀랍거나 무서울 때	92
09	걱정하거나 위로할 때	94
10	불안하거나 긴장될 때	96

PART 05 화제 표현

01	건강에 대해 말할 때	100
02	성격에 대해 말할 때	102
03	식성과 맛에 대해 말할 때	104
04	외모에 대해 말할 때	106
05	옷차림에 대해 말할 때	108
06	시간에 대해 말할 때	110
07	날짜와 요일에 대해 말할 때	112
08	날씨에 대해 말할 때	114
09	계절에 대해 말할 때	116
10	종교에 대해 말할 때	118

PART 06 취미와 여가 표현

01	취미에 대해 말할 때	122
02	여가에 대해 말할 때	124
03	오락에 대해 말할 때	126
04	책과 신문에 대해 말할 때	128
05	음악에 대해 말할 때	130
06	그림에 대해 말할 때	132
07	텔레비전에 대해 말할 때	134
08	영화에 대해 말할 때	136
09	운동이나 스포츠에 대해 말할 때	138
10	여행에 대해 말할 때	140

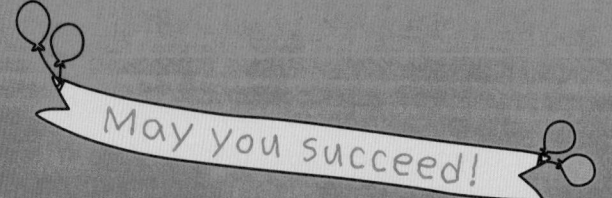

01

PART

I hope you'll be happy.

- 눈으로 읽고
- 귀로 듣고
- 손으로 쓰고
- 입으로 소리내어 말한다!

인사 표현

Unit 01 일상적으로 인사할 때

>> 녹음을 듣고 소리내어 읽어볼까요?

듣기

안녕하세요! (아침인사)
Good morning!
굿 모닝

안녕하세요! (낮인사)
Good afternoon!
굿 앱터눈

안녕하세요! (밤인사)
Good evening!
굿 이브닝

안녕히 주무세요!
Good night!
굿 나잇

안녕하세요! / 안녕!
Hello! / Hi!
헬로우 / 하이

좋은 하루 되세요.
Have a nice day!
해버 나이스 데이

Conversation

A: Good morning, Tom.
B: Good morning, Jane.
안녕하세요. 톰.
안녕하세요. 제인.

›› 또박또박 쓰면서 말해볼까요?   ›› 말하기 ‹‹

✎ Good morning!

✎ Good afternoon!

✎ Good evening!

✎ Good night!

✎ Hello! / Hi!

✎ Have a nice day!

PART 01 인사 표현 • 13

Unit 02 근황을 물을 때

>> 녹음을 듣고 소리내어 읽어볼까요?   듣기

어떻게 지내셨어요?
How have you been?
하우 해뷰 빈

어떻게 지내세요?
How are you doing?
하우 알 유 두잉

요즘 어때요?
How's everything?
하우즈 애브리씽

뭐 새로운 소식 있어요?
What's new?
왓츠 뉴

별일 없어요?
What's going on?
왓츠 고잉 온

가족분들은 잘 지내시죠?
How's your family?
하우즈 유얼 패멀리

Conversation

A: Hi, Tom. How's it going?
B: Pretty good. And you?

안녕, 톰. 어떻게 지내세요?
아주 잘 지내요. 당신은요?

또박또박 쓰면서 말해볼까요? >> 말하기 <<

How have you been?

How are you doing?

How's everything?

What's new?

What's going on?

How's your family?

 **Unit 03 처음 만났을 때**

>> 녹음을 듣고 소리내어 읽어볼까요? 듣기

만나서 반갑습니다.
I'm glad to meet you.
아임 글랫 투 밋츄

저 역시 만나서 반갑습니다.
Glad to meet you, too.
글랫 투 밋츄, 투

만나서 기뻐요.
Nice to meet you.
나이스 투 밋츄

만나서 반가워요.
Good to meet you.
굿 투 밋츄

만나서 기뻐요.
It's a pleasure to meet you.
잇처 프레줘 투 밋츄

말씀은 많이 들었습니다.
I've heard a lot about you.
아이브 허드 어 랏 어바웃츄

A: Hi, I'm Jane. Nice to meet you.
B: Hi, Jane, Pleasure to meet you. I'm Tom.

안녕하세요, 제인이에요. 만나서 반가워요.
안녕하세요, 제인. 만나서 기뻐요. 난 톰이에요.

또박또박 쓰면서 말해볼까요? >> 말하기 <<

✎ I'm glad to meet you.

✎ Glad to meet you, too.

✎ Nice to meet you.

✎ Good to meet you.

✎ It's a pleasure to meet you.

✎ I've heard a lot about you.

Unit 04 오랜만에 만났을 때

▶▶ 녹음을 듣고 소리내어 읽어볼까요?   듣기

오랜만이에요.
It's been a long time.
잇츠 비너 롱 타임

정말 오랜만이에요.
It's been so long.
잇츠 빈 쏘 롱

오랜만이야.
Long time no see.
롱 타임 노 씨

그동안 어떻게 지내셨어요?
How have you been?
하우 해뷰 빈

오랜만이네요, 그렇죠?
It's been a long time, hasn't it?
잇츠 비너 롱 타임, 해즌팃

다시 만나니 반가워요.
I'm glad to see you again.
아임 글래드 투 씨 유 어게인

Conversation

A: It's nice to see you again! It's been ages.
B: Same here, Jane. How have you been?

다시 만나서 반가워요. 오랜만이에요.
저도요, 제인. 그동안 어떻게 지내셨어요?

>> 또박또박 쓰면서 말해볼까요?   >> 말하기

It's been a long time.

It's been so long.

Long time no see.

How have you been?

It's been a long time, hasn't it?

I'm glad to see you again.

Unit 05 우연히 만났을 때

» 녹음을 듣고 소리내어 읽어볼까요?

듣기

웬일이니!
What a surprise!
와러 서프라이즈

이게 누구야!
Look who's here!
룩 후즈 히얼

세상 정말 좁군요.
What a small world!
와러 스몰 월드

여긴 어쩐 일이세요?
What brings you here?
왓 브링스 유 히얼

당신을 이런 곳에서 만나다니 대박!
Fancy meeting you here!
팬시 미팅 유 히얼

(보고 싶던 참이었는데) 마침 잘 만났어요.
Just the person I wanted to see!
저슷 더 펄슨 아이 원팃 투 씨

Conversation

A: Look who's here! How are you, Jane?
B: Just fine, Tom. Good to see you again.

아니 이게 누구야! 잘 있었어, 제인?
잘 지내죠, 톰. 다시 만나 반가워요.

또박또박 쓰면서 말해볼까요?   >> 말하기 <<

✏ What a surprise!

✏ Look who's here!

✏ What a small world!

✏ What brings you here?

✏ Fancy meeting you here!

✏ Just the person I wanted to see!

 **Unit 06 헤어질 때**

>> 녹음을 듣고 소리내어 읽어볼까요? 듣기

안녕히 가세요(계세요)!
Good Bye!
굿 바이

몸조심하세요.
Take care of yourself.
테익 케어롭 유어셀프

나중에 봐요.
See you later.
씨 유 래이더

또 봐요.
See you around.
씨 유 어롸운드

곧 다시 만나요.
See you again soon.
씨 유 어게인 쑨

브라운에게 안부 전해 줘요.
Say hello to Brown.
쎄이 헬로우 투 브라운

 Conversation
A: Good bye, Jane. Say hello to Tom.
B: I will. Say hello to Dick, too.
잘 있어, 제인. 톰에게 안부 전해줘.
그럴게. 딕에게도 내 안부 전해줘.

또박또박 쓰면서 말해볼까요? >> 말하기 <<

Good Bye!

Take care of yourself.

See you later.

See you around.

See you again soon.

Say hello to Brown.

 **Unit 07 고마울 때**

>> 녹음을 듣고 소리내어 읽어볼까요?

고마워요.
Thank you. / Thanks.
땡큐 / 땡스

너무 고마워요.
Thanks a lot.
땡스 어 랏

진심으로 감사드립니다.
I heartily thank you.
아이 하틸리 땡큐

와 주셔서 감사합니다.
Thank you for coming.
땡큐 풔 커밍

호의에 감사드립니다.
I appreciate your kindness.
아이 어프리쉬에잇 유얼 카인드니스

도와주셔서 감사합니다.
Thank you for helping me.
땡큐 풔 핼핑 미

Conversation

A: Thank you for helping me.
B: You're welcome.

도와주셔서 고맙습니다.
천만에요.

>> 또박또박 쓰면서 말해볼까요?   >> 말하기 <<

✏ Thank you. / Thanks.

✏ Thanks a lot.

✏ I heartily thank you.

✏ Thank you for coming.

✏ I appreciate your kindness.

✏ Thank you for helping me.

 ## 미안할 때

>> 녹음을 듣고 소리내어 읽어볼까요?

정말 죄송해요.
I'm very sorry.
아임 베리 쏘리

미안해요, 괜찮으세요?
Sorry, are you all right?
쏘리, 알 유 올 롸잇

사과드립니다.
I apologize to you.
아이 어팔러좌이즈 투 유

용서해 주십시오.
Please forgive me.
플리즈 풔깁 미

늦어서 미안해요.
I'm sorry for being late.
아임 쏘리 풔 빙 레잇

제가 한 말에 대해 사죄드립니다.
I apologize for what I said.
아이 어팔러좌이즈 풔 워라이 셋

Conversation

A: **I'm sorry I'm late.**
B: **That's all right.**
늦어서 죄송해요,
괜찮아요.

>> 또박또박 쓰면서 말해볼까요?   >> 말하기 <<

✏ I'm very sorry.

✏ Sorry, are you all right?

✏ I apologize to you.

✏ Please forgive me.

✏ I'm sorry for being late.

✏ I apologize for what I said.

 ## Unit 09 축하할 때

>> 녹음을 듣고 소리내어 읽어볼까요?   듣기

축하합니다!
Congratulations!
컹그래춰레이션스

생일 축하해요.
Happy birthday to you!
해피 벌쓰데이 투 유

결혼을 축하해요.
Congratulations on your wedding!
컹그래춰레이션스 온 유얼 웨딩

성공을 축하드립니다.
Congratulations on your success.
컹그래춰레이션스 온 유얼 썩세스

우리의 승리를 자축합시다.
Let's celebrate our victory!
렛츠 샐러브레잇 아워 빅터리

늦었지만 생일 축하해요.
It's late, but happy birthday!
잇츠 레잇, 벗 해피 벌쓰데이

Conversation
A: I am happy. I just heard I passed my exam.
B: Congratulations!

행복해. 방금 내가 시험에 합격했다고 들었어.
축하해!

또박또박 쓰면서 말해볼까요?

- Congratulations!

- Happy birthday to you!

- Congratulations on your wedding!

- Congratulations on your success.

- Let's celebrate our victory!

- It's late, but happy birthday!

Unit 10 환영할 때

» 녹음을 듣고 소리내어 읽어볼까요? 듣기

환영합니다!
Welcome!
웰컴

돌아오신 걸 환영합니다.
Welcome back.
웰컴 백

입사를 환영합니다.
Welcome aboard.
웰컴 어보드

한국에 오신 것을 환영합니다.
Welcome to Korea.
웰컴 투 코리어

아무 때나 오세요.
You are welcome at any time.
유아 웰컴 앳 애니 타임

진심으로 환영합니다.
I welcome you with my whole heart.
아이 웰컴 유 윗 마이 호울 핫ㅌ

Conversation

A: **I'm Jane White. I'm the new recruit here.**
B: **Hi, Jane. Welcome aboard! I'm Paul Brown.**

제인 화이트입니다. 신입사원이에요.
안녕하세요, 제인. 입사를 환영합니다. 저는 폴 브라운이에요.

 >> 또박또박 써볼까요?  >> 말하기 <<

- Welcome!

- Welcome back.

- Welcome aboard.

- Welcome to Korea.

- You are welcome at any time.

- I welcome you with my whole heart.

PART 01 인사 표현 • 31

 대화 연습 PART 01

● 대화 내용의 녹음을 듣고 우리말을 영어로 말해 보세요.

Unit 01
A: **Good morning, Tom.**
B: **안녕하세요, Jane.**

Unit 02
A: **Hi, Tom.** 어떻게 지내세요?
B: **Pretty good. And you?**

Unit 03
A: **Hi, I'm Jane.** 만나서 반가워요.
B: **Hi, Jane, Pleasure to meet you. I'm Tom.**

Unit 04
A: **It's nice to see you again!** 오랜만이에요.
B: **Same here, Jane. How have you been?**

Unit 05
A: **Look who's here! How are you, Jane?**
B: **Just fine, Tom.** 다시 만나 반가워요.

Unit 06
A: **Good bye, Jane.** 톰에게 안부 전해 줘.
B: **I will. Say hello to Dick, too.**

Unit 07
A: **Thank you for helping me.**
B: 천만에요.

Unit 08
A: **I'm sorry I'm late.**
B: 괜찮아요.

Unit 09
A: **I am happy. I just heard I passed my exam.**
B: 축하해!

Unit 10
A: **I'm Jane White. I'm the new recruit here.**
B: **Hi, Jane.** 입사를 환영합니다! **I'm Paul Brown.**

PART 02

I hope you'll be happy.

✪ 눈으로 읽고
✪ 귀로 듣고
✪ 손으로 쓰고
✪ 입으로 소리내어 말한다!

대화·의사 표현

Unit 01 사람을 부를 때

>> 녹음을 듣고 소리내어 읽어볼까요? 　듣기

여보세요.
Hello. / Hi.
헬로우 / 하이

이봐, 자네!
Hey, you!
헤이, 유

저기요.
Waiter! / Waitress!
웨이러 / 웨잇트리스

저(잠깐만요).
Listen. / Look here.
리슨 / 룩 히얼

저, 여보세요? (남자일 경우)
Excuse me, sir?
익스큐즈 미, 써르

저, 여보세요? (여자일 경우)
Excuse me, ma'am?
익스큐즈미, 맴

Conversation

A: Excuse me, ma'am. I think you dropped this.
B: Oh, thanks a lot.
저기요, 아주머니. 이거 떨어뜨리신 것 같아요.
어머, 고마워요.

또박또박 쓰면서 말해볼까요?   >> 말하기 <<

✏ Hello. / Hi.

✏ Hey, you!

✏ Waiter! / Waitress!

✏ Listen. / Look here.

✏ Excuse me, sir?

✏ Excuse me, ma'am?

# Unit 02 맞장구칠 때

>> 녹음을 듣고 소리내어 읽어볼까요?

그래요?
Is that so?
이즈 댓 쏘

맞아요.
Right.
롸잇

알겠어요.
I see.
아이 씨

그거 좋군요.
That's good.
댓츠 굿

아니오, 그렇게 생각지 않아요.
No, I don't think so.
노, 아이 돈ㅌ 씽 쏘

참 안됐네요.
That's too bad.
댓츠 투 뱃

Conversation

A: **I'm proud of my job.**
B: **Are you?**

난 내 직업에 자부심이 있어요.
그래요?

또박또박 쓰면서 말해볼까요?   >> 말하기 <<

Is that so?

Right.

I see.

That's good.

No, I don't think so.

That's too bad.

 **Unit 03 되물을 때**

>> 녹음을 듣고 소리내어 읽어볼까요?   듣기

뭐라고요?
Excuse me?
익스큐즈 미

뭐라고?
What?
왓

다시 말씀해 주시겠어요?
Beg your pardon?
벡 유얼 파든

다시 한 번 말씀해 주십시오.
Please say that again.
플리즈 쎄이 댓 어게인

뭐라고 했지?
You said what?
유 쎄드 왓

방금 뭐라고 말씀하셨죠?
What did you say just now?
왓 디쥬 쎄이 저슷 나우

Conversation

A: I'm going to New York next week.
B: Going where?

다음 주에 뉴욕에 갈 거야.
어디에 간다고?

또박또박 쓰면서 말해볼까요?

>> 말하기 <<

✏ Excuse me?

✏ What?

✏ Beg your pardon?

✏ Please say that again.

✏ You said what?

✏ What did you say just now?

 **Unit 04 질문할 때**

>> 녹음을 듣고 소리내어 읽어볼까요?

질문 있습니다.
I have a question.
아이 해버 퀘스쳔

질문 하나 해도 될까요?
May I ask you a question?
메아이 애스큐어 퀘스쳔

누구한테 물어봐야 되죠?
Who should I ask?
후 슈다이 애슥

질문 있습니까?
Do you have any question?
두 유 해버니 퀘스쳔

다른 질문 있으세요?
Are there any other questions?
알 데어래니 아덜 퀘스쳔즈

이것을 영어로 뭐라고 하죠?
What's this called in English?
왓츠 디스 콜딘 잉글리쉬

A: **May I ask you a question?**
B: **Sure.**
질문 하나 해도 될까요?
물론이죠.

또박또박 쓰면서 말해볼까요?   >> 말하기 <<

✏ I have a question.

✏ May I ask you a question?

✏ Who should I ask?

✏ Do you have any question?

✏ Are there any other questions?

✏ What's this called in English?

 # Unit 05 부탁할 때

>> 녹음을 듣고 소리내어 읽어볼까요? 듣기

부탁 하나 해도 될까요?
May I ask you a favor?
메아이 애스큐어 페이버

제 부탁 좀 들어주시겠어요?
Would you do me a favor?
우쥬 두 미 어 페이버

부탁이 있어요.
I need a favor.
아이 니더 페이버

조용히 좀 해주시겠어요?
Would you please be quiet?
우쥬 플리즈 비 콰이엇

당신과 얘기 좀 해도 될까요?
May I have a word with you?
메아이 해버 워드 위듀

문 좀 열어주시겠어요?
Would you please open the door?
우쥬 플리즈 오픈 더 도어

A: May I ask you a favor?
B: Sure. What is it?

부탁 하나 해도 될까요?
물론이죠. 뭔데요?

>> 또박또박 쓰면서 말해볼까요?   >> 말하기

- May I ask you a favor?

- Would you do me a favor?

- I need a favor.

- Would you please be quiet?

- May I have a word with you?

- Would you please open the door?

Unit 06 제안하거나 권유할 때

>> 녹음을 듣고 소리내어 읽어볼까요?

 듣기

커피 한 잔 드시겠어요?
Would you like a cup of coffee?
우쥬 라이커 커펍 커피

걸어갑시다.
Let's walk.
렛츠 월크

우리 그 문제는 곰곰이 생각해 보기로 해요.
I suggest we sleep on it.
아이 서제스트 위 슬리포닛

산책하러 가는 게 어때요?
How about going for a walk?
하우 어바웃 고잉 풔러 월크

저희와 합석하시겠어요?
Would you join us?
우쥬 조이너스

그에게 얘기하지 그래요?
Why don't you tell him?
와이 돈츄 텔 힘

 Conversation

A: **Let's eat out tonight, shall we?**
B: **Oh, I'd love to.**
오늘밤 외식하러 갈까요?
아, 좋지요.

또박또박 쓰면서 말해볼까요? >> 말하기 <<

- Would you like a cup of coffee?

- Let's walk.

- I suggest we sleep on it.

- How about going for a walk?

- Would you join us?

- Why don't you tell him?

Unit 07 도움을 청하거나 양해를 구할 때

>> 녹음을 듣고 소리내어 읽어볼까요?

좀 도와주실래요?
Can you help me?
캔 유 핼프 미

좀 도와주시겠어요?
Could you give me a hand?
쿠쥬 깁 미 어 핸드

좀 지나가도 될까요?
May I get through?
메아이 겟 쓰루

휴대폰 좀 써도 될까요?
Could I use the cellphone?
쿠다이 유즈 더 셀포운

여기 앉아도 되겠습니까?
Do you mind if I sit here?
두 유 마인드 이파이 씻 히얼

물 좀 갖다 주시겠어요?
Could you bring me some water?
쿠쥬 브링 미 섬 워러

A: **Can you help me move the desk?**
B: **Yes, of course.**

책상 옮기는 것 좀 도와줄래?
물론이지.

또박또박 쓰면서 말해볼까요?   >> 말하기 <<

✎ Can you help me?

✎ Could you give me a hand?

✎ May I get through?

✎ Could I use the cellphone?

✎ Do you mind if I sit here?

✎ Could you bring me some water?

Unit 08 의견을 묻고 답할 때

>> 녹음을 듣고 소리내어 읽어볼까요?

다른 의견은 없습니까?
Have you any idea?
해뷰 애니 아이디어

그녀에 대해 어떻게 생각하세요?
How do you think about her?
하우 두 유 씽커바웃 헐

내 프로젝트에 대해 어떻게 생각하세요?
What do you think of my project?
왓 두 유 씽콥 마이 프러젝

바로 그겁니다.
That's it!
댓츠 잇

당신 말에도 일리가 있어요.
You may have a point.
유 메이 해버 포인트

정말 좋은 생각이군요.
What a good idea!
와러 굿 아이디어

A: **Don't you think the coffee here is good?**
B: **Yeah, here is gonna be my favorite place.**
여기 커피 맛있는 것 같지 않니?
응, 이제 여기 자주 와야겠어.

또박또박 쓰면서 말해볼까요?

✏️ Have you any idea?

✏️ How do you think about her?

✏️ What do you think of my project?

✏️ That's it!

✏️ You may have a point.

✏️ What a good idea!

 **Unit 09 허락을 요청할 때**

» 녹음을 듣고 소리내어 읽어볼까요? 듣기

여기 앉아도 될까요?
May I sit here?
메아이 씻 히얼

이거 가져도 돼요?
May I take this?
메아이 테익 디스

들어가도 될까요?
May I come in?
메아이 커민

먼저 일어나도 될까요?
May I be excused?
메아이 비 익스큐즈드

(괜찮다면) 당신 컴퓨터를 사용해도 될까요?
May I use your computer?
메아이 유쥬얼 컴퓨터

얘기를 계속해도 될까요?
May I go on?
메아이 고 온

Conversation

A: **May I take this?**
B: **Yes, of course.**
  이걸 가져가도 될까요?
  예, 물론이죠.

또박또박 쓰면서 말해볼까요? >> 말하기 <<

May I sit here?

May I take this?

May I come in?

May I be excused?

May I use your computer?

May I go on?

Unit 10 희망이나 소망을 나타낼 때

›› 녹음을 듣고 소리내어 읽어볼까요? 듣기

장래 희망이 뭐예요?
What do you hope for?
왓 두 유 홉 풔

꿈이 뭐예요?
What's your dream?
왓츠 유얼 드림

나는 가수가 되고 싶어요.
I want to be a singer.
아이 원투 비 어 싱어

다시 만나기 바랍니다.
I hope to see you again.
아이 홉 투 씨 유 어게인

즐거운 크리스마스 되세요.
I wish you a Merry Christmas.
아이 위시 유 어 메리 크리스마스

영어를 잘하고 싶어요.
I want to be good in English.
아이 원투 비 구딘 잉글리쉬

Conversation

A: **Where would you like to go?**
B: **I'd like to go to London or Paris.**
어디에 가고 싶으세요?
런던이나 파리에 가고 싶습니다.

또박또박 쓰면서 말해볼까요? >> 말하기

✎ What do you hope for?

✎ What's your dream?

✎ I want to be a singer.

✎ I hope to see you again.

✎ I wish you a Merry Christmas.

✎ I want to be good in English.

● 대화 내용의 녹음을 듣고 우리말을 영어로 말해 보세요.

Unit 01

A: 저기요, 아주머니. I think you dropped this.
B: Oh, thanks a lot.

Unit 02

A: I'm proud of my job.
B: 그래요?

Unit 03

A: I'm going to New York next week.
B: 어디에 간다고?

Unit 04

A: 질문 하나 해도 될까요?
B: Sure.

Unit 05

A: 부탁 하나 해도 될까요?
B: Sure. What is it?

Unit 06

A: 오늘밤 외식하러 갈까요?
B: Oh, I'd love to.

Unit 07

A: 책상 옮기는 것 좀 도와줄래?
B: Yes, of course.

Unit 08

A: 여기 커피 맛있는 것 같지 않니?
B: Yeah, here is gonna be my favorite place.

Unit 09

A: 이걸 가져가도 될까요?
B: Yes, of course.

Unit 10

A: Where would you like to go?
B: 런던이나 파리에 가고 싶습니다.

PART 03

I hope you'll be happy.

✡ 눈으로 읽고
✡ 귀로 듣고
✡ 손으로 쓰고
✡ 입으로 소리내어 말한다!

자기소개 표현

Unit 01 개인 신상에 대해 말할 때

>> 녹음을 듣고 소리내어 읽어볼까요? 듣기

국적이 어디세요?
What's your nationality?
왓츄어 내셔낼러티

어디서 오셨어요?
Where did you come from?
웨어 디쥬 컴 프럼

어디서 자라셨어요?
Where did you grow up?
웨어 디쥬 그로우 업

서울 토박입니다.
I was born and bred in Seoul.
아이 워즈 본 앤 브레드 인 서울

나이가 어떻게 되세요?
How old are you?
하우 올드 알 유

지금 어디 사세요?
Where do you live now?
웨어 두 유 립 나우

A: **Where are you from?**
B: **I'm from Seoul.**
   어디서 오셨어요?
   서울에서요.

또박또박 쓰면서 말해볼까요? 　　　　　　　　 >> 말하기 <<

✏ What's your nationality?

✏ Where did you come from?

✏ Where did you grow up?

✏ I was born and bred in Seoul.

✏ How old are you?

✏ Where do you live now?

Unit 02 가족에 대해 말할 때

>> 녹음을 듣고 소리내어 읽어볼까요?

듣기

우리는 대가족입니다.
We have a large family.
위 해버 라쥐 패멀리

부모님과 함께 사세요?
Do you live with your parents?
두 유 립 위듀얼 패어런츠

아이들은 몇 명이나 됩니까?
How many children do you have?
하우 메니 췰드런 두 유 햅

3살짜리 아들이 하나 있어요.
I have a 3-year-old boy.
아이 해버 쓰리 이어 올드 보이

가족이 몇 분이세요?
How many people are there in your family?
하우 메니 피플 알 데어린 유얼 패멀리

우린 네 식구예요.
There are four in my family.
데어라 풔린 마이 패멀리

Conversation

A: Are you the eldest child in your family?
B: No, I'm not. I'm the only child.
장남이세요?
아니에요. 저는 외아들이에요.

또박또박 쓰면서 말해볼까요?   >> 말하기 <<

✎ We have a large family.

✎ Do you live with your parents?

✎ How many children do you have?

✎ I have a 3-year-old boy.

✎ How many people are there in your family?

✎ There are four in my family.

 ## Unit 03 학교에 대해 말할 때

>> 녹음을 듣고 소리내어 읽어볼까요?   듣기

학교는 어디서 다니셨어요?
Where did you go to school?
웨어 디쥬 고 투 스쿨

어느 학교에 다니세요?
Where do you go to school?
웨어 두 유 고 투 스쿨

몇 학년이세요?
What year are you in?
왓 이어 알 유 인

우리는 같은 학교 나온 동문입니다.
We went to the same school.
위 웬투 더 쎄임 스쿨

대학교 때 전공이 무엇이었어요?
What was your major at college?
왓 워쥬얼 메이져랫 칼리쥐

어떤 학위를 가지고 계십니까?
What degree do you have?
왓 디그리 두 유 햅

A: Where do you go to school?
B: I go to NS University.
  어느 학교에 다니세요?
  NS 대학에 다닙니다.

>> 또박또박 쓰면서 말해볼까요?   >> 말하기 <<

✎ Where did you go to school?

✎ Where do you go to school?

✎ What year are you in?

✎ We went to the same school.

✎ What was your major at college?

✎ What degree do you have?

Unit 04 학교생활에 대해 말할 때

>> 녹음을 듣고 소리내어 읽어볼까요?   ◁◁ 듣기 ▷▷

학교생활은 재미있나요?
Do you have fun in school?
두 유 햅 펀 인 스쿨

나 또 지각이야.
I'm late for class again.
아임 레잇 풔 클래스 어겐

시험을 망쳤어요.
I messed up on my test.
아이 메스트 어폰 마이 테슷

오늘은 수업이 없어요.
There is no class today.
데어리즈 노 클래스 투데이

아르바이트 자리가 있나요?
Do you have a part time job?
두 유 해버 팟 타임 잡

게시판에 뭐라고 쓰여 있는 거예요?
What does the board say?
왓 더즈 더 보드 쎄이

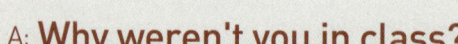

Conversation

A: **Why weren't you in class?**
B: **Because I had a stomachache.**
왜 수업에 오지 않았니?
배탈이 나서요.

또박또박 쓰면서 말해볼까요? >> 말하기 <<

✏ Do you have fun in school?

✏ I'm late for class again.

✏ I messed up on my test.

✏ There is no class today.

✏ Do you have a part time job?

✏ What does the board say?

 **Unit 05 직장에 대해 말할 때**

>> 녹음을 듣고 소리내어 읽어볼까요?

어느 회사에 근무하세요?
What company are you with?
왓 컴퍼니 알 유 윗

어느 부서에서 근무하세요?
Which department do you work in?
위치 디파트먼트 두 유 워킨

직책이 무엇입니까?
What's your job title?
왓츄얼 잡 타이틀

어떤 일을 맡고 계세요?
What are you in charge of?
워라유 인 차지 옵

여기에서 얼마나 근무하셨어요?
How long have you worked here?
하우 롱 해뷰 웍트 히얼

직장까지 얼마나 걸리죠?
How long does it take you to get to work?
하우 롱 더짓 테이큐 투 겟 투 웍

Conversation

A: What kind of company are you with?
B: A trading company.

어떤 회사에서 일하세요?
무역회사요.

또박또박 쓰면서 말해볼까요? >> 말하기 <<

✏ What company are you with?

✏ Which department do you work in?

✏ What's your job title?

✏ What are you in charge of?

✏ How long have you worked here?

✏ How long does it take you to get to work?

Unit 06 직장생활에 대해 말할 때

>> 녹음을 듣고 소리내어 읽어볼까요?

언제 입사하셨어요?
When did you join the company?
웬 디쥬 조인 더 컴퍼니

근무 시간이 어떻게 됩니까?
What are your office hours?
워라유얼 오피스 아워즈

몇 시에 퇴근하세요?
When do you get off?
웬 두 유 게롭

내일은 쉬어요.
I'll be off tomorrow.
아일 비 옵 터머러우

당신 회사에서는 점심시간이 몇 시죠?
What time is lunch at your company?
왓 타임 이즈 런치 앳 유얼 컴퍼니

저는 오늘밤 야근이에요.
I'm on duty tonight.
아임 온 듀티 투나잇

A: **Are you happy with your present job?**
B: **Yes, but I'm not always happy.**
지금 직장에 만족하세요?
네, 하지만 늘 그런 건 아니에요.

또박또박 쓰면서 말해볼까요? >> 말하기 <<

When did you join the company?

What are your office hours?

When do you get off?

I'll be off tomorrow.

What time is lunch at your company?

I'm on duty tonight.

Unit 07 거주지에 대해 말할 때

>> 녹음을 들고 소리내어 읽어볼까요?   듣기

어디 사세요?
Where do you live?
웨얼 두 유 립

그곳에서 얼마나 사셨어요?
How long have you lived there?
하우 롱 해뷰 립드 데얼

주소가 어떻게 됩니까?
What's your address?
왓츄얼 어드레스

직장까지 시간이 얼마나 걸려요?
How long does it take you to get to work?
하우 롱 더짓 테이큐 투 겟 투 웍

전 아주 작은 도시에 살아요.
I live in a very small town.
아이 리비너 베리 스몰 타운

저는 고층 아파트에서 살아요.
I live in a high-rise apartment house.
아이 리비너 하이-라이즈 아파트먼트 하우스

Conversation

A: **Where do you live?**
B: **I live in the suburbs of Seoul.**
  어디 사세요?
  서울 근교에서 살아요.

또박또박 쓰면서 말해볼까요? >> 말하기 <<

✎ Where do you live?

✎ How long have you lived there?

✎ What's your address?

✎ How long does it take you to get to work?

✎ I live in a very small town.

✎ I live in a high-rise apartment house.

연애에 대해 말할 때

>> 녹음을 듣고 소리내어 읽어볼까요?

사귀는 사람 있니?
Are you seeing anyone?
알 유 씨잉 애니원

우린 좋은 친구 사이야.
We're good friends.
위아 굿 프렌즈

그녀는 그냥 친구야.
She's just a friend.
쉬즈 저슷터 프렌드

어떤 사람이 이상형이에요?
What's your type?
왓츄얼 타입

나랑 데이트할래?
Would you like to go out with me?
우쥬 라익 투 고우 아웃 윗 미

그들은 연애 중이죠?
Are they an item?
알 데이 언 아이템

A: Are you seeing anyone?
B: Not at the moment, unfortunately.

사귀는 사람 있어요?
불행히도 지금은 없어요.

>> 또박또박 쓰면서 말해볼까요?

>> 말하기 <<

- Are you seeing anyone?

- We're good friends.

- She's just a friend.

- What's your type?

- Would you like to go out with me?

- Are they an item?

Unit 09 결혼에 대해 말할 때

>> 녹음을 듣고 소리내어 읽어볼까요?

 듣기

나랑 결혼해 줄래?
Will you marry me?
윌 유 메리 미

난 연애결혼하고 싶어요.
I'd like to marry for love.
아이드 라익 투 메리 풔 럽

그는 중매 결혼했어요.
He got married by arrangement.
히 갓 메리드 바이 어랜지먼트

기혼이세요, 미혼이세요?
Are you married or single?
알 유 메리드 오어 싱글

언제 결혼하셨어요?
When did you get married?
웬 디쥬 겟 메리드

난 이혼했어요.
I'm divorced.
아임 디보스트

 Conversation

A: **Are you married?**
B: **No, I'm not.**
결혼하셨어요?
안 했습니다.

>> 또박또박 쓰면서 말해볼까요?   >> 말하기 <<

- Will you marry me?

- I'd like to marry for love.

- He got married by arrangement.

- Are you married or single?

- When did you get married?

- I'm divorced.

 **Unit 10 결혼생활에 대해 말할 때**

>> 녹음을 듣고 소리내어 읽어볼까요?

결혼생활은 어때요?
How's the married life?
하우즈 더 메리드 라이프

우린 곧잘 싸워요.
We fight a lot.
위 파잇 어랏

우리는 금실이 좋아요.
We are happily married.
위아 해필리 메리드

아내는 임신 중이에요.
My wife is expecting.
마이 와이프 이즈 익스펙팅

아이가 둘 있어요.
I have two children.
아이 햅 투 칠드런

집안일은 반반씩 분담하기로 했어요.
We agreed we'd share the housework fifty-fifty.
위 어그리드 위드 쉐어 더 하우스웍 피프티-피프티

A: **My wife is expecting.**
B: **Oh, is she? Congratulations!**
아내가 임신했어요.
그래요? 축하합니다!

>> 또박또박 쓰면서 말해볼까요?   >> 말하기 <<

✏ How's the married life?

✏ We fight a lot.

✏ We are happily married.

✏ My wife is expecting.

✏ I have two children.

✏ We agreed we'd share the housework fifty-fifty.

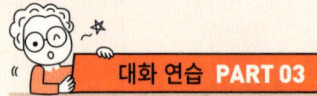 대화 연습 PART 03

● 대화 내용의 녹음을 듣고 우리말을 영어로 말해 보세요.

Unit 01

A: 어디서 오셨어요?

B: I'm from Seoul.

Unit 02

A: Are you the eldest child in your family?

B: No, I'm not. 저는 외아들이에요.

Unit 03

A: 어느 학교에 다니세요?

B: I go to NS University.

Unit 04

A: 왜 수업에 오지 않았니?

B: Because I had a stomachache.

Unit 05

A: 어떤 회사에서 일하세요?

B: A trading company.

Unit 06

A: 지금 직장에 만족하세요?

B: Yes, but I'm not always happy.

Unit 07

A: 어디 사세요?

B: I live in the suburbs of Seoul.

Unit 08

A: 사귀는 사람 있어요?

B: Not at the moment, unfortunately.

Unit 09

A: 결혼하셨어요?

B: No, I'm not.

Unit 10

A: 아내가 임신했어요.

B: Oh, is she? Congratulations!

PART 04

I hope you'll be happy.

- 눈으로 읽고
- 귀로 듣고
- 손으로 쓰고
- 입으로 소리내어 말한다!

감정 표현

 **Unit 01 행운을 빌 때**

» 녹음을 듣고 소리내어 읽어볼까요? 　듣기

행운을 빌게요.
Good luck to you.
굿 럭 투 유

신의 축복이 있기를!
God bless you!
갓 블레스 유

성공을 빕니다.
May you succeed!
메이 유 썩시드

행복하길 빌겠습니다.
I hope you'll be happy.
아이 홉 유일 비 해피

새해 복 많이 받으세요.
Happy new year!
해피 뉴 이얼

즐거운 크리스마스 보내세요.
Merry Christmas!
메리 크리스마스

 Conversation

A: Good-bye, Jane. Good luck!
B: Thanks. You, too!

잘가요, 제인. 행운을 빌어요.
고마워요. 당신도요!

>> 또박또박 쓰면서 말해볼까요?   >> 말하기 <<

✏ Good luck to you.

✏ God bless you!

✏ May you succeed!

✏ I hope you'll be happy.

✏ Happy new year!

✏ Merry Christmas!

# Unit 02 기쁘거나 즐거울 때

>> 녹음을 듣고 소리내어 읽어볼까요? 듣기

기뻐요!
I'm happy!
아임 해피

정말 기분 좋아요.
It really feels great.
잇 리얼리 필스 그레잇

당신 때문에 행복해요.
I'm happy for you.
아임 해피 풔 유

오늘 기분이 완전 최고예요.
I'm so happy today.
아임 쏘 해피 투데이

당신과 함께 있으면 즐겁습니다.
You're fun to be around.
유아 펀 투 비 어라운

멋질 것 같아요!
That would be nice!
댓 우드 비 나이스

Conversation

A: **Tom, I'm walking on air now.**
B: **What makes you so happy, Jane?**
톰, 전 지금 정말 기분이 좋아요.
뭐가 그렇게 좋아요, 제인?

>> 또박또박 쓰면서 말해볼까요?   >> 말하기

✏ I'm happy!

✏ It really feels great.

✏ I'm happy for you.

✏ I'm so happy today.

✏ You're fun to be around.

✏ That would be nice!

Unit 03 감탄하거나 칭찬할 때

» 녹음을 듣고 소리내어 읽어볼까요?   « 듣기 »

대단하군요!
Great!
그레잇

잘 하시는군요.
You're doing well!
유아 두잉 웰

정말 훌륭하군요!
How marvelous!
하우 말버러스

패션 감각이 뛰어나시군요.
You have an eye for fashion.
유 해번 아이 풔 패션

시험을 참 잘 봤네.
You did a good job on your exams.
유 디더 굿 잡 온 유얼 이그잼스

과찬의 말씀입니다.
I'm so flattered.
아임 소 플래터드

A: **It looks very good on you.**
B: **Thanks for your compliment.**
참 잘 어울리는군요.
칭찬해 주시니 감사합니다.

또박또박 쓰면서 말해볼까요? >> 말하기 <<

✎ Great!

✎ You're doing well!

✎ How marvelous!

✎ You have an eye for fashion.

✎ You did a good job on your exams.

✎ I'm so flattered.

 ## Unit 04 싫거나 귀찮을 때

›› 녹음을 듣고 소리내어 읽어볼까요? 듣기

싫어요!
No deal!
노우 딜

듣고 싶지 않아요.
I don't want to hear it.
아이 돈트 원투 히어릿

그럴 기분이 아니에요.
I don't feel like it.
아이 돈트 필 라이킷

질렸어.
I'm sick of it.
아임 씩 오핏

귀찮게 좀 굴지 말아요.
Stop bothering me.
스탑 보더링 미

그만 좀 해!
Give me a break!
깁 미 어 브레익

Conversation

A: **I'm tired of this job.**
B: **There you go again.**
이 일에 질렸어.
또 시작이야.

✏ No deal!

✏ I don't want to hear it.

✏ I don't feel like it.

✏ I'm sick of it.

✏ Stop bothering me.

✏ Give me a break!

 **Unit 05 실망하거나 후회할 때**

» 녹음을 듣고 소리내어 읽어볼까요?   듣기

이건 아니죠!
This is all wrong!
디시즈 올 렁

당신한테 실망했어요.
I am disappointed in you.
아엠 디스어포인티딘 유

영어 공부를 했어야 했는데.
I should have studied English.
아이 슛 햅 스터디드 잉글리쉬

그 말은 하지 말았어야 했는데.
I shouldn't have said that.
아이 슈든트 햅 샛 댓

이미 엎질러진 물이에요.
It's no use crying over spilt milk.
잇츠 노우 유즈 크라잉 오우버 스필트 밀크

놓치면 후회할 거예요.
If you miss it, you'll regret it.
이퓨 미씻, 유일 리그레팃

 Conversation

A: Did you enjoy the boxing match?
B: Not particularly. It disappointed me.
권투시합 재미있었니?
별로야, 실망했어.

>> 또박또박 쓰면서 말해볼까요?   >> 말하기 <<

! This is all wrong!

! I am disappointed in you.

! I should have studied English.

! I shouldn't have said that.

! It's no use crying over spilt milk.

! If you miss it, you'll regret it.

 **Unit 06 화날 때**

» 녹음을 듣고 소리내어 읽어볼까요?   « 듣기 »

미치겠네!
Drive me nuts!
드라입 미 넛츠

말도 안돼(끔찍해).
That's awful!
댓츠 오우플

충격이다!
I'm so mad!
아임 쏘 맷

더 이상은 못 참아.
I can't stand any more.
아이 캔트 스탠 애니 모어

그만 좀 해.
That is enough.
댓 이즈 이넙

열 받게 하네!
That burns me up!
댓 번즈 미 업

Conversation

A: **Are you still mad at me?**
B: **It's okay now, I understand.**
아직도 나한테 화났어요?
이제 괜찮아요. 이해합니다.

>> 또박또박 쓰면서 말해볼까요?   >> 말하기 <<

! Drive me nuts!

! That's awful!

! I'm so mad!

! I can't stand any more.

! That is enough.

! That burns me up!

# Unit 07 슬프거나 외로울 때

>> 녹음을 듣고 소리내어 읽어볼까요?   듣기

우울해요.
I'm depressed.
아임 디프레스트

외로워요.
I'm lonely.
아임 로운리

비참해요.
I feel miserable.
아이 필 미저러블

기분이 별로예요(좋지 않아요).
I feel bad.
아이 필 뱃

울고 싶은 심정이에요.
I feel like crying.
아이 필 라익 크라잉

앞날이 캄캄해요.
I have no hope for my future.
아이 햅 노 홉 퍼 마이 퓨춰

Conversation

A: **I hate the sad ending.**
B: **So do I.**
　난 새드 앤딩은 싫어요.
　나도 그래요.

>> 또박또박 쓰면서 말해볼까요?   >> 말하기 <<

✏ I'm depressed.

✏ I'm lonely.

✏ I feel miserable.

✏ I feel bad.

✏ I feel like crying.

✏ I have no hope for my future.

 **Unit 08 놀랍거나 무서울 때**

>> 녹음을 듣고 소리내어 읽어볼까요?

정말 놀랍군요!
How surprising!
하우 써프라이징

훌륭하네요!
That's great!
댓츠 그레잇

정말이야(진심이야)?
Are you serious?
알 유 시리어스

믿을 수 없어!
That's incredible!
댓츠 인크레더블

정말 놀랍지 않아요?
That's amazing, isn't it?
댓츠 어메이징, 이즌팃

난 새로운 변화가 두려워요.
I'm afraid of new changes.
아임 어프레이돕 뉴 체인지즈

Conversation

A: **Let's go into the water.**
B: **I can't. I'm afraid of water.**
물속으로 들어가자.
난 못해. 난 물이 무서워.

또박또박 쓰면서 말해볼까요?   >> 말하기 <<

! How surprising!

! That's great!

! Are you serious?

! That's incredible!

! That's amazing, isn't it?

! I'm afraid of new changes.

 ## Unit 09 걱정하거나 위로할 때

>> 녹음을 듣고 소리내어 읽어볼까요?   듣기

우울해 보이네요.
You look down.
유 룩 다운

무슨 일이세요?
What's wrong?
왓츠 렁

뭐가 잘못됐나요?
Is anything wrong?
이즈 애니씽 렁

걱정하지 마세요.
Don't worry.
돈트 워리

걱정할 것 없어요.
You have nothing to worry about.
유 햅 낫씽 투 워리 어바웃

너무 심각하게 받아들이지 마세요.
Don't take it seriously.
돈트 테잇킷 시어리어슬리

Conversation

A: What's wrong with you? You look so down today.
B: I failed the English exam again.

왜 그래? 오늘 너무 우울해 보이네.
영어시험을 또 낙제했거든요.

또박또박 쓰면서 말해볼까요?   >> 말하기 <<

- You look down.

- What's wrong?

- Is anything wrong?

- Don't worry.

- You have nothing to worry about.

- Don't take it seriously.

# Unit 10 불안하거나 긴장될 때

» 녹음을 듣고 소리내어 읽어볼까요?   듣기

어떡해!
What should I do.
왓 슈다이 두

저 뭐 해야 돼요?
What am I supposed to do?
와램 아이 서포즛 투 두

초조해요.
I'm anxious.
아임 앵셔스

긴장돼요.
I'm nervous.
아임 너버스

불안해요.
I feel insecure.
아이 필 인시큐어

진정하세요.
Calm down.
캄 다운

Conversation

A: Are you nervous?
B: Yes, I have butterflies in my stomach.
긴장되니?
그래, 가슴이 막 두근거려.

또박또박 쓰면서 말해볼까요?   >> 말하기 <<

✎ What should I do.

✎ What am I supposed to do?

✎ I'm anxious.

✎ I'm nervous.

✎ I feel insecure.

✎ Calm down.

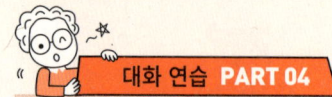 대화 연습 **PART 04**

• 대화 내용의 녹음을 듣고 우리말을 영어로 말해 보세요.

Unit 01
A: **Good-bye, Jane.** 행운을 빌어요.
B: **Thanks. You, too!**

Unit 02
A: **Tom,** 전 지금 정말 기분이 좋아요.
B: **What makes you so happy, Jane?**

Unit 03
A: 참 잘 어울리는군요.
B: **Thanks for your compliment.**

Unit 04
A: 이 일에 질렸어.
B: **There you go again.**

Unit 05
A: **Did you enjoy the boxing match?**
B: **Not particularly.**
실망했어.

Unit 06
A: 아직도 나한테 화났어요?
B: **It's okay now, I understand.**

Unit 07
A: 난 새드 앤딩은 싫어요.
B: **So do I.**

Unit 08
A: **Let's go into the water.**
B: **I can't.** 난 물이 무서워.

Unit 09
A: **What's wrong with you?**
오늘 너무 우울해 보이네.
B: **I failed the English exam again.**

Unit 10
A: 긴장되니?
B: **Yes, I have butterflies in my stomach.**

PART 05

I hope you'll be happy.

✯ 눈으로 읽고
✯ 귀로 듣고
✯ 손으로 쓰고
✯ 입으로 소리내어 말한다!

화제
표현

Unit 01 건강에 대해 말할 때

>> 녹음을 듣고 소리내어 읽어볼까요?   《 듣기 》

컨디션은 어때요?
How do you feel?
하우 두 유 필

건강은 어떠세요?
How is your health?
하우 이쥬얼 핼스

컨디션이 안 좋아요.
I'm not feeling well.
아임 낫 필링 웰

난 건강해요.
I'm healthy.
아임 핼씨

건강해 보이시네요.
You look healthy.
유 룩 핼씨

건강 조심하세요.
Take care of your health.
테익 케어롭 유얼 핼스

A: **How are you feeling today?**
B: **I'm not feeling well.**

오늘은 기분이 어떠세요?
컨디션이 영 별로예요.

또박또박 쓰면서 말해볼까요? >> 말하기 <<

How do you feel?

How is your health?

I'm not feeling well.

I'm healthy.

You look healthy.

Take care of your health.

 ## Unit 02 성격에 대해 말할 때

>> 녹음을 듣고 소리내어 읽어볼까요?   듣기

나는 낙천적이에요.
I'm optimistic.
아임 옵티미스틱

그는 명랑해요.
He's cheerful.
히즈 치어플

그녀는 정직해요.
She's honest.
쉬즈 어니스트

그는 내성적이에요.
He's introverted.
히즈 인트러버티드

난 당신이 매우 유쾌하다고 생각해요.
I think you are very funny.
아이 씽 유 알 베리 퍼니

난 현실주의자에 가까워요.
I'm more of a realist.
아임 모어로버 리얼리슷

Conversation

A: **Do you make friends easily?**
B: **No, I don't. I'm shy.**
친구를 쉽게 사귀는 편이세요?
아뇨, 내성적이라서요.

또박또박 쓰면서 말해볼까요? / 말하기

✏ I'm optimistic.

✏ He's cheerful.

✏ She's honest.

✏ He's introverted.

✏ I think you are very funny.

✏ I'm more of a realist.

식성과 맛에 대해 말할 때

Unit 03

>> 녹음을 듣고 소리내어 읽어볼까요?

정말 맛있어요.
It's really good.
잇츠 리얼리 굿

그건 건강에도 좋고 맛도 좋아요.
It's healthy and delicious.
잇츠 핼시 앤 딜리셔스

이건 맛이 별로 없어요.
This is flavorless.
디시즈 플레이버리스

배불러요.
I'm stuffed.
아임 스텁트

그녀는 식성이 까다로워요.
She is a picky eater.
쉬 이저 피키 이터르

어떤 음식을 좋아하세요?
What kind of food do you like?
왓 카인돕 푸드 두 유 라익

Conversation

A: How does it taste?
B: It's really good.

맛이 어때요?
정말 맛있어요.

104 • 쓰면서 말해봐 기본편

>> 또박또박 쓰면서 말해볼까요?   >> 말하기 <<

✏ It's really good.

✏ It's healthy and delicious.

✏ This is flavorless.

✏ I'm stuffed.

✏ She is a picky eater.

✏ What kind of food do you like?

Unit 04 외모에 대해 말할 때

» 녹음을 듣고 소리내어 읽어볼까요? 《 듣기 》

그 사람은 어떻게 생겼어요?
What's he like?
왓츠 히 라익

키가 얼마나 돼요?
How tall are you?
하우 톨 알 유

몸무게가 얼마나 나가요?
How much do you weigh?
하우 머취 두 유 웨잇

그는 뚱뚱해요.
He is fat.
히 이즈 팻

그녀는 키가 작고 말랐어요.
She is petite and slim.
쉬 이즈 페팃 앤 슬림

오늘 피곤해 보이네요.
You look tired today.
유 룩 타이엇 투데이

Conversation

A: **How do I look?**
B: **You look beautiful in that dress.**
나 어때?
그 옷 입으니까 예뻐 보여.

또박또박 쓰면서 말해볼까요? >> 말하기 <<

✏ What's he like?

✏ How tall are you?

✏ How much do you weigh?

✏ He is fat.

✏ She is petite and slim.

✏ You look tired today.

Unit 05 옷차림에 대해 말할 때

» 녹음을 듣고 소리내어 읽어볼까요? 듣기

당신 참 멋지네요.
You are in style.
유 아린 스타일

이건 너무 딱 맞아요.
This is too tight.
디시즈 투 타잇

당신에게 참 잘 어울려요.
It looks good on you.
잇 룩스 굿 온 유

패션 감각이 뛰어나시네요.
You have great taste in clothes.
유 햅 그레잇 테이스틴 클로우드즈

입고 있는 옷이 맘에 드네요.
I like the dress that you have on.
아이 라익 더 드레스 댓 유 해본

그녀는 옷을 크게 입는 편이에요.
She wears loose-fitting clothes.
쉬 웨어스 루즈-핏팅 클로우드즈

Conversation

A: **How do I look in this suit?**
B: **It looks good on you.**
이 양복 입으니 나 어때요?
잘 어울려요.

또박또박 쓰면서 말해볼까요? >> 말하기

- You are in style.

- This is too tight.

- It looks good on you.

- You have great taste in clothes.

- I like the dress that you have on.

- She wears loose-fitting clothes.

 # 시간에 대해 말할 때

>> 녹음을 듣고 소리내어 읽어볼까요? 듣기

지금 몇 시죠?
What time is it now?
왓 타임 이짓 나우

몇 시입니까?
Do you have the time?
두 유 햅 더 타임

몇 시쯤 됐을까요?
I wonder what time is it?
아이 원더 왓 타임 이짓

시간 있으세요?
Have you got a minute?
해뷰 가러 미닛

시간이 없어요.
I'm in a hurry.
아임 이너 허리

시계가 정확한가요?
Is your watch correct?
이쥬얼 왓치 커렉트

A: **What time is it?**
B: **It's ten twenty-three.**
몇 시죠?
10시 23분입니다.

또박또박 쓰면서 말해볼까요?   >> 말하기 <<

✎ What time is it now?

✎ Do you have the time?

✎ I wonder what time is it?

✎ Have you got a minute?

✎ I'm in a hurry.

✎ Is your watch correct?

 **Unit 07 날짜와 요일에 대해 말할 때**

>> 녹음을 듣고 소리내어 읽어볼까요?   듣기

오늘이 며칠이죠?
What's the date today?
왓츠 더 데잇 투데이

오늘이 무슨 요일이죠?
What day is it today?
왓 데이 이짓 투데이

몇 월이죠?
What month is it?
왓 먼쓰 이짓

거기는 오늘 며칠이에요?
What's the date today over there?
왓츠 더 데잇 투데이 오버 데얼

생일이 언제예요?
When's your birthday?
웬쥬얼 벌쓰데이

시험이 언제부터죠?
When does the exam start?
웬 더즈 디 이그젬 스탓

Conversation
A: **What's the date today?**
B: **It's the third of March.**
오늘이 며칠이죠?
3월 3일이에요.

또박또박 쓰면서 말해볼까요?   >> 말하기 <<

✎ What's the date today?

✎ What day is it today?

✎ What month is it?

✎ What's the date today over there?

✎ When's your birthday?

✎ When does the exam start?

Unit 08 날씨에 대해 말할 때

» 녹음을 듣고 소리내어 읽어볼까요?   « 듣기 »

오늘 날씨 어때요?
How's the weather today?
하우즈 더 웨더 투데이

오늘은 날씨가 화창하군요.
It's a beautiful day today.
잇처 뷰우터펄 데이 투데이

이제 비가 그쳤습니까?
Has the rain stopped yet?
해즈 더 레인 스탑트 옛

정말 너무 더워요.
It's terribly hot.
잇츠 테러블리 핫

정말 춥네, 안 그래요?
It's freezing cold, isn't it?
잇츠 프리징 콜드, 이즌팃

눈이 올 것 같아요.
It looks like snow.
잇 룩스 라익 스노우

A: **It's a lovely day, isn't it?**
B: **Yes, it is.**
　날씨가 아주 근사하네요, 안 그래요?
　그렇군요.

또박또박 쓰면서 말해볼까요?   >> 말하기 <<

✎ How's the weather today?

✎ It's a beautiful day today.

✎ Has the rain stopped yet?

✎ It's terribly hot.

✎ It's freezing cold, isn't it?

✎ It looks like snow.

# Unit 09 계절에 대해 말할 때

» 녹음을 듣고 소리내어 읽어볼까요?   듣기

어느 계절을 가장 좋아하세요?
Which season do you like best?
위치 시즌 두 유 라익 베슷

참 화창한 봄날이네요!
What a bright spring day!
와러 브라잇 스프링 데이

여름이 왔어요.
Summer has come.
썸머 해즈 컴

가을은 독서의 계절이에요.
Autumn is the best season for reading.
오텀 이즈 더 베슷 시즌 풔 리딩

가을엔 하늘이 높아요.
The sky is high in Autumn.
더 스카이 이즈 하이 인 오텀

겨울이 오고 있어요.
Winter is on its way.
윈터 이즈 온 잇츠 웨이

Conversation

A: Which season do you like best?
B: I like spring best.

어느 계절을 가장 좋아하세요?
봄을 가장 좋아해요.

또박또박 쓰면서 말해볼까요? >> 말하기 <<

✏ Which season do you like best?

✏ What a bright spring day!

✏ Summer has come.

✏ Autumn is the best season for reading.

✏ The sky is high in Autumn.

✏ Winter is on its way.

종교에 대해 말할 때

>> 녹음을 듣고 소리내어 읽어볼까요?

듣기

무슨 종교를 믿습니까?
What is your religion?
와리즈 유얼 릴리젼

신을 믿으세요?
Do you believe in God?
두 유 빌리빈 갓

저는 기독교 신자예요.
I'm a Christian.
아이머 크리스쳔

저는 천주교를 믿습니다.
I'm a Catholic.
아이머 캐쓸릭

저는 불교 신자입니다.
I'm a Buddhist.
아이머 부디스트

가까운 곳에 교회가 있나요?
Is there a church near here?
이즈 데어러 춰치 니어 히얼

Conversation

A: **Are you religious?**
B: **No, I'm an atheist.**

종교를 가지고 있습니까?
아니요, 저는 무신론자예요.

>> 또박또박 쓰면서 말해볼까요? >> 말하기 <<

✎ What is your religion?

✎ Do you believe in God?

✎ I'm a Christian.

✎ I'm a Catholic.

✎ I'm a Buddhist.

✎ Is there a church near here?

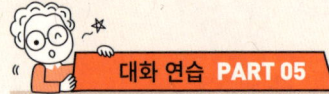 대화 연습 PART 05

● 대화 내용의 녹음을 듣고 우리말을 영어로 말해 보세요.

Unit 01

A: 오늘은 기분이 어떠세요?

B: **I'm not feeling well.**

Unit 02

A: **Do you make friends easily?**

B: **No, I don't.**
내성적이라서요.

Unit 03

A: 맛이 어때요?

B: **It's really good.**

Unit 04

A: 나 어때?

B: **You look beautiful in that dress.**

Unit 05

A: **How do I look in this suit?**

B: 잘 어울려요.

Unit 06

A: 몇 시죠?

B: **It's ten twenty-three.**

Unit 07

A: 오늘이 며칠이죠?

B: **It's the third of March.**

Unit 08

A: 날씨가 아주 근사하네요, **isn't it?**

B: **Yes, it is.**

Unit 09

A: 어느 계절을 가장 좋아하세요?

B: **I like spring best.**

Unit 10

A: 종교를 가지고 있습니까?

B: **No, I'm an atheist.**

PART 06

I hope you'll be happy.

✿ 눈으로 읽고
✿ 귀로 듣고
✿ 손으로 쓰고
✿ 입으로 소리내어 말한다!

취미와 여가 표현

Unit 01 취미에 대해 말할 때

>> 녹음을 듣고 소리내어 읽어볼까요?   듣기

취미가 뭐예요?
What are your hobbies?
워라 유얼 하비스

취미로 무얼 하세요?
What do you do for fun?
왓 두 유 두 풔 펀

난 온라인 채팅에 푹 빠져 있어요.
I'm so into online chatting.
아임 쏘 인투 온라인 채팅

난 인터넷 검색하는 거 좋아해요.
I like surfing the internet.
아이 라익 서핑 디 인터넷

난 낚시에 관심 있어요.
I'm interested in fishing.
아임 인터레스티딘 피싱

전 물건들을 고치는 걸 즐겨요.
I enjoy fixing things.
아이 인죠이 픽싱 씽즈

Conversation

A: **Do you like romantic movies?**
B: **I love it!**
로맨틱 영화 좋아하세요?
완전 좋아해요!

또박또박 쓰면서 말해볼까요? >> 말하기 <<

✎ What are your hobbies?

✎ What do you do for fun?

✎ I'm so into online chatting.

✎ I like surfing the internet.

✎ I'm interested in fishing.

✎ I enjoy fixing things.

 # 여가에 대해 말할 때

» 녹음을 듣고 소리내어 읽어볼까요?   듣기

주말에 주로 뭐 하세요?
What do you like to do on the weekends?
왓 두 유 라익 투 두 온 더 위캔즈

쉬는 날에는 주로 뭐 하세요?
What do you usually do on your day off?
왓 두 유 유절리 두 온 유얼 데이 오프

여가 시간엔 뭐 하세요?
What do you like doing in your free time?
왓 두 유 라익 두잉 인 유얼 프리 타임

여가 시간에 축구를 즐겨요.
I enjoy playing football in my free time.
아이 인죠이 플레잉 풋볼 인 마이 프리 타임

여가 시간에 그림을 그려요.
I spend my spare time drawing pictures.
아 스펜 마이 스페어 타임 드로우잉 픽쳐스

한가할 때 옛날 영화를 봐요.
I watch old movies at odd moments.
아이 워치 올드 무비스 앳 아드 모먼츠

Conversation

A: **What do you do in your spare time?**
B: **I watch old movies.**
여가 시간에 뭐 하세요?
옛날 영화를 봐요.

또박또박 쓰면서 말해볼까요? >> 말하기

- What do you like to do on the weekends?

- What do you usually do on your day off?

- What do you like doing in your free time?

- I enjoy playing football in my free time.

- I spend my spare time drawing pictures.

- I watch old movies at odd moments.

Unit 03 오락에 대해 말할 때

» 녹음을 듣고 소리내어 읽어볼까요?   **듣기**

나는 실내 게임은 못 합니다.
I'm not one for indoor games.
아임 낫 원 풔 인도어 게임스

포커를 가르쳐 주시겠습니까?
Could you tell me how to play poker?
쿠쥬 텔미 하우 투 플레이 포커

좀 쉬운 게임 있어요?
Is there any easy games?
이즈 데어래니 이지 게임스

핀볼게임 해 보셨어요?
Have you tried the pin-ball game?
해뷰 트라이드 더 핀-볼 게임

칩을 현금으로 바꿔 주세요.
Cash my chips, please.
캐쉬 마이 칩스, 플리즈

멋진 오락거리를 찾으세요?
Do you want some great entertainments?
두 유 원트 썸 그레잇 엔터테인먼츠

Conversation

A: What kind of game would you like to play?
B: Well, how about playing a video game?

무슨 게임을 하고 싶어요?
저, 비디오 게임 한 번 하는 게 어떻겠습니까?

또박또박 쓰면서 말해볼까요?   >> 말하기 <<

✎ I'm not one for indoor games.

✎ Could you tell me how to play poker?

✎ Is there any easy games?

✎ Have you tried the pin-ball game?

✎ Cash my chips, please.

✎ Do you want some great entertainments?

Unit 04 책과 신문에 대해 말할 때

>> 녹음을 듣고 소리내어 읽어볼까요?

듣기

책 많이 읽으세요?
Do you read many books?
두 유 릿 매니 북스

책 읽을 시간이 없어요.
I have no time to read.
아이 햅 노 타임 투 릿

어떤 책을 좋아하세요?
What books do you like?
왓 북스 두 유 라익

이 책 읽어보셨어요?
Have you read this book?
해뷰 렛 디스 북

나는 역사소설을 좋아해요.
I like historical novels.
아이 라익 히스토리컬 너블즈

오늘 신문 보셨어요?
Have you seen today's paper?
해뷰 씬 투데이즈 페이퍼

Conversation

A: Who's your favorite author?
B: I love Herman Hesse.

좋아하는 작가는 누구예요?
헤르만 헤세를 무지 좋아해요.

 또박또박 쓰면서 말해볼까요?   >> 말하기 <<

✎ Do you read many books?

✎ I have no time to read.

✎ What books do you like?

✎ Have read this book?

✎ I like historical novels.

✎ Have you seen today's paper?

 Unit 05 **음악에 대해 말할 때**

>> 녹음을 듣고 소리내어 읽어볼까요?

음악 좋아하세요?
Do you like music?
두 유 라익 뮤직

어떤 장르를 좋아하세요?
What genre do you like?
왓 장르 두 유 라익

난 재즈를 좋아해요.
I like Jazz.
아이 라익 재즈

이 노래는 중독성이 있어요.
That song is catchy.
댓 쏭 이즈 캣취

좋아하는 가수가 누구예요?
Who is your favorite singer?
후 이쥬얼 페이버릿 씽어

저는 노래는 못해요.
I'm poor at singing.
아임 푸어랫 씽잉

A: **What genre do you like?**
B: **I love pop music.**
어떤 장르를 좋아하세요?
팝을 좋아합니다.

또박또박 쓰면서 말해볼까요? >> 말하기 <<

- Do you like music?

- What genre do you like?

- I like Jazz.

- That song is catchy.

- Who is your favorite singer?

- I'm poor at singing.

Unit 06 그림에 대해 말할 때

>> 녹음을 듣고 소리내어 읽어볼까요? 　듣기

전 그림 그리기를 좋아해요.
I like painting.
아이 라익 페인팅

그녀는 화가예요.
She is a painter.
쉬 이저 페인터

그는 그래픽 아티스트예요.
He is a graphic artist.
히 이저 그래픽 아티스트

그림 참 잘 그리네요.
You are good at drawing.
유 알 굿 앳 드로우잉

이 그림에 대해 어떻게 생각하세요?
What do you think of this painting?
왓 두유 씽콥 디스 페인팅

그림에 대한 안목이 있으시군요.
You have an eye for paintings.
유 해번 아이 풔 페인팅스

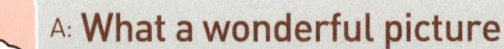

A: **What a wonderful picture!**
B: **Do you think so? Thank you.**
멋진 그림이군요!
그렇게 생각하세요? 감사합니다.

또박또박 쓰면서 말해볼까요?

>> 말하기 <<

- I like painting.

- She is a painter.

- He is a graphic artist.

- You are good at drawing.

- What do you think of this painting?

- You have an eye for paintings.

Unit 07 텔레비전에 대해 말할 때

>> 녹음을 듣고 소리내어 읽어볼까요?   《 듣기 》

지금 텔레비전에서 뭐해요?
What's on TV?
왓촌 티비

텔레비전에서 뭐 재미있는 거 해요?
Is there anything good on TV?
이즈 데얼 애니씽 굿 온 티비

리모콘 좀 줘.
Pass me the remote.
패스 미 더 리못

어떤 텔레비전 프로그램을 좋아하세요?
Which program do you enjoy most?
위치 프로그램 두 유 인조이 모숫

저는 퀴즈쇼를 좋아해요.
I like to watch quiz shows.
아이 라익 투 워치 퀴즈 쇼우즈

텔레비전을 켜 주시겠어요?
Could you turn on the television?
쿠쥬 턴 온 더 텔레비전

Conversation

A: **What are you doing?**
B: **I'm just watching TV at home.**
뭐해요?
집에서 그냥 TV 보고 있어요.

또박또박 쓰면서 말해볼까요?   >> 말하기 <<

✎ What's on TV?

✎ Is there anything good on TV?

✎ Pass me the remote.

✎ Which program do you enjoy most?

✎ I like to watch quiz shows.

✎ Could you turn on the television?

Unit 08 영화에 대해 말할 때

>> 녹음을 듣고 소리내어 읽어볼까요?   듣기

어떤 영화를 좋아하세요?
What kind of movies do you like?
왓 카인돕 무비즈 두 유 라익

얼마나 자주 영화 보러 가세요?
How often do you go to the movies?
하우 오픈 두 유 고 투 더 무비스

영화 어땠어요?
How did you like the movie?
하우 디쥬 라익 더 무비

가장 좋아하는 영화가 뭐예요?
What's your favorite movie?
왓츄얼 페이버릿 무비

가장 좋아하는 남자배우는 누구예요?
Who's your favorite actor?
후쥬얼 페이버릿 액터

지금 무슨 영화 해요?
What movie is showing?
왓 무비 이즈 쇼우잉

Conversation

A: **How did you like the movie?**
B: **It was great!**

영화 어땠어요?
굉장했어요.

>> 또박또박 쓰면서 말해볼까요?

>> 말하기 <<

✏ What kind of movies do you like?

✏ How often do you go to the movies?

✏ How did you like the movie?

✏ What's your favorite movie?

✏ Who's your favorite actor?

✏ What movie is showing?

Unit 09 운동이나 스포츠에 대해 말할 때

» 녹음을 듣고 소리내어 읽어볼까요?   듣기

운동하세요?
Do you work out?
두 유 웍카웃

얼마나 자주 운동하세요?
How often do you exercise?
하우 오픈 두 유 엑서사이즈

건강을 위해 어떤 운동을 하세요?
What exercise do you do for your health?
왓 엑서사이즈 두 유 두 풔 유얼 핼스

운동하는 것을 좋아하세요?
Do you like playing sports?
두 유 라익 플레잉 스포츠

스포츠라면 뭐든지 좋아합니다.
I like all kinds of sports.
아이 라익 올 카인즈 스포츠

그 경기 누가 이겼죠?
Who won the game?
후 원 더 게임

A: **What kind sports do you like?**
B: **I like all kinds of sports.**

어떤 스포츠를 좋아하세요?
스포츠라면 뭐든지 좋아합니다.

>> 또박또박 쓰면서 말해볼까요? >> 말하기 <<

✏ Do you work out?

✏ How often do you exercise?

✏ What exercise do you do for your health?

✏ Do you like playing sports?,

✏ I like all kinds of sports.

✏ Who won the game?

Unit 10 여행에 대해 말할 때

>> 녹음을 듣고 소리내어 읽어볼까요?   듣기

저는 여행하는 것을 좋아해요.
I am fond of traveling.
아이 엠 폰돕 트래블링

여행은 마음을 넓혀줘요.
Travel broadens the mind.
트래블 브로든스 더 마인드

여행은 어땠어요?
How was your trip?
하우 워쥬얼 트립

저는 가족과 함께 여행하는 것을 좋아해요.
I enjoy traveling with my family.
아이 인조이 트래블링 윗 마이 패멀리

해외여행을 하신 적이 있습니까?
Have you ever traveled overseas?
해뷰 에버 트래블드 오버씨즈

해외여행은 이번이 처음입니다.
This is my first trip overseas.
디시즈 마이 퍼숫 트립 오버씨즈

A: **Do you like traveling by ship?**
B: **No, I prefer to travel by plane.**
배 여행을 좋아하세요?
아뇨, 비행기로 여행하는 게 더 좋아요.

또박또박 쓰면서 말해볼까요? >> 말하기 <<

✐ I am fond of traveling.

✐ Travel broadens the mind.

✐ How was your trip?

✐ I enjoy traveling with my family.

✐ Have you ever traveled overseas?

✐ This is my first trip overseas.

대화 연습 PART 06

● 대화 내용의 녹음을 듣고 우리말을 영어로 말해 보세요.

Unit 01

A: **Do you like romantic movies?**

B: 완전 좋아해요!

Unit 02

A: 여가 시간에 뭐 하세요?

B: **I watch old movies.**

Unit 03

A: 무슨 게임을 하고 싶어요?

B: **Well, how about playing a video game?**

Unit 04

A: 좋아하는 작가는 누구예요?

B: **I love Herman Hesse.**

Unit 05

A: **What genre do you like?**

B: 팝을 좋아합니다.

Unit 06

A: 멋진 그림이군요!

B: **Do you think so? Thank you.**

Unit 07

A: **What are you doing?**

B: 집에서 그냥 TV 보고 있어요.

Unit 08

A: 영화 어땠어요?

B: **It was great!**

Unit 09

A: **What kind sports do you like?**

B: 스포츠라면 뭐든지 좋아합니다.

Unit 10

A: **Do you like traveling by ship?**

B: **No,** 비행기로 여행하는 게 더 좋아요.